AF244403

quer
quod
non
Sanguin
entem
V. Durand del.

NOTICE

SUR

LES DEUX TESTAMENTS

ET LE TOMBEAU

DE

JEAN PAPON

SEÏGNEUR DE MARCOUX ET GOUTELAS,
CONSEILLER DU ROI, JUGE ET LIEUTENANT GÉNÉRAL
AU BAILLIAGE DE FOREZ, MAITRE DES REQUÊTES
ORDINAIRE DE LA REINE CATHERINE DE MÉDICIS

PAR

VINCENT DURAND

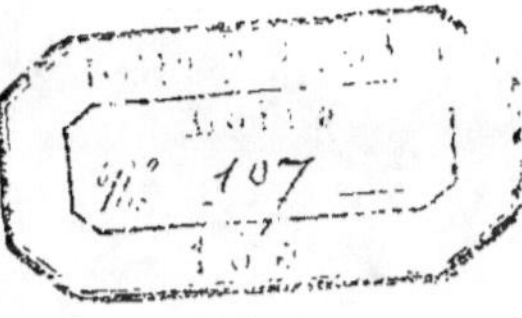

SAINT-ETIENNE

LIBRAIRIE CHEVALIER

RUE GÉRENTET, IV.

M. D. CCC. LXIX.

LES

DEUX TESTAMENTS

ET

LE TOMBEAU DE JEAN PAPON

Jean Papon, lieutenant général au bailliage de Forez, mourut le 6 novembre 1590. Il était âgé de quatre-vingt-trois ans (1). Il y en avait près de cinquante qu'il occupait le premier siége de judicature de la province. Ses écrits lui avaient acquis une grande renommée; et sa verte vieillesse, bien qu'attristée par des malheurs domestiques, était entourée de respect et d'honneur. Pour ses contemporains, c'était déjà le *grand juge* Papon, devant qui un avocat au bailliage tenait à hon-

---

(1) D'après le témoignage de Jean Papon lui-même, dans ses deux testaments, il était âgé de 72 ans en 1579 et de 75 ans en 1582. Ces indications concordantes fixent la date de sa naissance à l'année 1507.

neur d'avoir plaidé le dernier, « qui feust un sab-
medy : et ne tint plus l'audiance. » (1)

Je n'ai pas dessein de raconter ici la vie de Jean
Papon. Sa biographie, et celle de son fils Louis ont
été déjà écrites, sur pièces originales, et mieux que
je ne saurais le faire, par un Forézien dont le nom
restera attaché au leur, comme il l'est désormais, d'une
manière inséparable, à celui du bon La Mure (2).
Contentons-nous de rappeler que si la mémoire de
Jean Papon mérite de rester chère et vénérée parmi
nous, ce n'est point seulement à cause de ses écrits (3)
qui, après avoir fait longtemps autorité dans les tribunaux, sont encore une source précieuse d'infor-
mations pour le jurisconsulte et l'historien ; mais sur-
tout parce qu'il a beaucoup aimé son pays, et beaucoup souffert pour lui. Jean Papon est un des hommes
pour qui s'est le mieux vérifiée cette parole de Bossuet :
La justice est une espèce de martyre. Au milieu des
troubles qui, dans la seconde moitié du XVI⁰ siècle,
ensanglantèrent notre pacifique contrée, *ne laissant
aux personnes de son état aucune heure de sûreté contre*

(1) *Enquête faite sur la suppression du deuxième testament de Jean
Papon ;* déposition de Guillaume Rival, avocat, 2 février 1605. Archives
de Goutelas. — C'est des mêmes archives que sont tirées toutes les
pièces manuscrites que j'aurai occasion de citer dans la suite de ce
travail.

(2) Voir les biographies de Jean et Louis Papon dans les *Portraits
d'auteurs foréziens*, et la notice sur Louis Papon placée en tête de
la belle édition de ses *Œuvres.*

(3) Les *Trois Notaires*, le *Recueil d'arrêts*, etc. Voir la nomencla-
ture des ouvrages de J. Papon dans les *Portraits d'auteurs foréziens*,
p. 717.

les massacres, la mission du lieutenant-général de Forez fut toujours difficile, souvent périlleuse. Jean Papon en soutint dignement le poids,. et montra un grand cœur et une grande loyauté.

Lors de la prise de Montbrison par le baron des Adrets, sa maison est pillée et saccagée ; ses papiers sont jetés au feu (1) ; le chanoine Louis Papon, son fils, est fait prisonnier et mis à grosse rançon (2). Les gouverneurs de la province « bien certains de ses vertus, capacités et grande expérience de toute chose » l'investissent à plusieurs reprises de leurs pouvoirs (3). Jean Papon n'épargne ni sa personne ni sa bourse pour assurer le repos public. Il entretient des gens de guerre à ses frais « et faict une excessive despence, sans aulcune récompense. » (4)

Les entreprises à main armée des sectaires ne sont point les seules qu'il ait à combattre. Il lui faut, chose plus difficile peut-être, résister aux injustes prétentions des hommes en faveur. Griviau, secrétaire de la trop célèbre duchesse d'Etampes (5), et après lui

(1) « La ville de Montbrison feut forcée et la maison dud. sʳ Papon pilhée, ses papiers bruslez, transportez et getez en l'air. » — (*Sentence arbitrale entre le chapitre de N.-D. et Jean Papon.* 7 juin 1566.)

(2) *Relation de la prise de Montbrison,* par Jean Perrin. — *Biographie de Loys Papon* dans les *Portraits d'auteurs foréziens,* p. 678.

(3) Lettres de noblesse du mois de septembre 1578. (Bibliothèque de Montbrison, Mss., nº 27.)

(4) Extrait de l'enquête faite par Jacques Paparin, lieutenant particulier au bailliage de Forez, commissaire député par la chambre des comptes, dans l'*Inventaire des pièces produites pour établir la noblesse de François Papon.* 1667.

(5) Anne de Pisseleu, maîtresse de François Iᵉʳ, morte en 1576.

Guillaume Chausse, valet de chambre du roi et argentier du maréchal de Saint-André, convoitent les revenus de l'Hôtel-Dieu de Montbrison, et obtiennent d'en jouir comme d'un bien séculier. Jean Papon déjoue ces intrigues ; et l'administration de l'Hôtel-Dieu est réformée suivant les prescriptions du Concile de Vienne. (1)

Ami des lettres, il se délasse de ses austères travaux de magistrat et de jurisconsulte en écrivant sur *les choses plus remarquables du païs de Forests* une notice qui malheureusement n'est point venue jusqu'à nous (2). L'instruction de la jeunesse le préoccupe. Montbrison ne possédait qu'une modeste école sous l'autorité du *chanoine préceptorial*. Il conçoit le projet d'un collége établi sur un plan plus vaste, dirigé par des maîtres habiles et nombreux ; et s'il ne le fonde

(1) « Il est seul qui a faict poursuyte et donné occasion que l'Hostel-
« Dieu est aujourd'huy conduit sellon le Concille de Vienne et... sans
« luy, Griviau, secretaire de la duchesse d'Estempes, et apprès luy
« Chaulse, l'avoient obtenu a tiltre, pour en jouyr sans rendre compte,
« comme d'un estat lay ; qui furent empeschés et despuys jugé par
« arrest... Et mesmes,.. journellement il s'employe à la soubstenance
« des droictz dudit Hostel-Dieu, comme il a faict despuis trente-sept ans
« et continuera durant sa vie. » (*Ratification par les recteurs de l'Hôtel-Dieu et le syndic du couvent de Saint-François de l'arrêt des Grands Jours de Clermont réformant le testament d'Etienne Papon.* 13 janvier 1583.) — *Transport des droits paternels et maternels de Jeanne de Rogemont,* consenti par noble homme M° Guillaume Chaulce, élu de Forez, contrôleur du domaine, eaux et forêts dudit bailliage, valet de chambre du roi et argentier de Monseigneur le maréchal de Saint-André, résidant à Montbrison, en faveur de Jean Papon et de sa femme. 15 décembre 1557.

(2) Fodéré. *Narration historique de l'ordre de Saint-François,* p. 477.

point de ses deniers, il a du moins l'honneur d'avoir conseillé et dirigé l'entreprise. (1)

Jean Papon a laissé deux testaments olographes, qui l'un et l'autre sont accompagnés d'un codicille.

Le premier de ces testaments, en date des 22 et 28 octobre 1579, est le seul qui nous ait été conservé en original. M. de Campredon, descendant de Jean Papon par les femmes, offrit, en 1851, ce curieux document à la bibliothèque de la ville de Montbrison (2). A cette occasion, il fut publié dans le *Journal de Montbrison* par M. Bernard aîné, bibliothécaire.

Le deuxième testament est daté du 20 avril 1582, et suivi d'un codicille du 15 janvier 1583. Il fut présenté, le 24 novembre 1584, à un notaire et à sept témoins et déposé, sur le désir exprès du testateur, pour y rester jusqu'à son décès, entre les mains de dame Louise de Vaux, abbesse du couvent de Sainte-Claire. (3)

(1) « Lesdits recteurs... recognoissent le debvoir auquel ledit sʳ Papon « s'est jusques à present employé, non seulement pour les droictz « dudit Hostel-Dieu, mais pour le soulagement de la ville, et jusques « à progecter les fondemens d'un colleige qui doibt consister en un « principal et nombre de regens; et autres choses pitoyables : et n'y « avoir espargné son bien. » (*Ratification* précitée du 13 janvier 1583.) — Voir dans la *Revue Forézienne*, t. II, p. 78, l'intéressante notice de M. Broutin sur *le Collége de Montbrison et les Pères de l'Oratoire*.

(2) Mss. n° 29 du catalogue imprimé : il y est désigné à tort comme daté du 22 octobre 1572.

(3) Un arrêt de la cour de Parlement rendu le 13 août 1608 en faveur de Jean Feydeau, donne à cette abbesse le nom de *Julienne* de Vaux. — Elle est appelée *Julienne de Bois-Vert* dans l'*Enquête sur la suppression du testament de Jean Papon*. (Déposition de Jean Vidal, notaire. 18 février 1605.) — Il y a là une confusion de personnes dont

L'ouverture et la publication de ce testament donnèrent lieu à un incident aussi triste que singulier. (1)

Le lendemain de la mort de Jean Papon, 7 novembre 1590, le notaire Jean Vidal qui [avait reçu l'acte de suscription du testament, se rendit au couvent de Sainte-Claire, et le retira des mains de l'abbesse, qui était alors Julienne de Bois-Vert. Le testament fut ensuite présenté à l'audience du bailliage présidée par Geoffroy Chirat, plus ancien avocat au siége, et Bernardin Pupier, avocat, en requit l'ouverture et l'enregistrement au nom de Louis Papon, prieur de Marcilly, et second fils du défunt (2). En conséquence, lecture publique en ayant été faite, et l'insinuation ordonnée, le greffier Michel Bourgin emporta la minute pour la transcrire sur ses registres.

Cependant Melchior Papon, troisième fils du lieutenant général, mécontent des dernières volontés de son père, résolut d'en empêcher l'effet. Laissons le notaire Vidal raconter à quels moyens peu délicats il eut recours :

on peut donner le mot en observant que Julienne de Bois-Vert succéda en 1582 à Louise de Vaux, c'est-à-dire huit ans avant la mort de Jean Papon. Voyez La Mure, *Chronique de la très-dévote abbaye des religieuses de Sainte-Claire de Montbrison*. Montbrison, imp. Bernard, 1845. In-8°, p. 26.

(1) Bien que le récit qui va suivre soit écrit sur documents originaux, je me crois obligé de rappeler que M. Chantelauze, dans ses *Portraits d'auteurs foréziens*, a déjà raconté la curieuse histoire de la suppression du testament de Jean Papon.

(2) Déposition de B. Pupier dans l'*Enquête* déjà citée. — Ce détail m'a paru digne d'être relevé; car il semble indiquer que le poëte et chanoine Louis Papon resta étranger aux condamnables manœuvres de son frère Melchior.

« Quelque temps appres, noble Melchior Papon, l'ung des héritiers institués, seroit allé au logis dudict Bourgin, estant accompaigné de deulx siens serviteurs qu'il auroit laissé dans la court dudict logis. Et ledict Melchior Papon monte en l'estude dudict Bourgin, lequel il avoit requis luy voulloir monstrer ledict testament. Ce qu'il fyt. Et le tenant entre ses mains, il [l']auroit jecté par la fenestre en ladicte cour où estoient lesdicts serviteurs.

Ce faict, ledict Bourgin se mist à crier : *Monsieur, vous me faictes tort! Vous me ruinez! Rendez-moi le testament!* Et poursuivy led. sieur Papon de ce faire jusques à la Grand Rue, toujours criant apres luy luy voulloir rendre icelluy. » (1)

Il paraît que Michel Bourgin eut l'intention de porter plainte contre Melchior Papon. Mais le moment n'était guère favorable à l'action régulière de la justice. Tout le Forez était en armes ; et Melchior Papon, qui avait pris parti pour la ligue, était sergent-major de Montbrison (2). D'ailleurs le principal intéressé, Jean Feydeau, légataire par le testament supprimé d'une somme de 2,000 écus, était mineur et ne pouvait faire valoir en personne ses droits. Michel Bourgin

(1) *Enquête*, etc. Déposition de J. Vidal. — D'autres témoins rapportent une version un peu différente, d'après laquelle Melchior Papon aurait lacéré la minute. Mais cette assertion est évidemment inexacte, puisque le testament soustrait fut présenté de nouveau un siècle plus tard au bailliage, et y fut insinué.

(2) « Lequel Bourgin... luy dict... qu'il estoit bien en paine d'en tirer justice à cause des troubles et de ce que lhors ledict Papon estoit sergent majour audict Montbrison, et que touteffois il en feroit infourmer pour en avoir justice en temps et lieu. » (*Enquête*, etc. Déposition de P. Mayet, procureur. 19 février 1605.)

lui-même mourut peu de temps après. S'il faut **en** croire certains propos contemporains, il aurait été *satisfait* par Melchior Papon (1). Il est aisé de deviner de quelle nature dut être cette satisfaction. Ce n'est pas que Melchior Papon fît beaucoup de mystère de son exploit ; car plusieurs fois il en fit l'aveu à Jean Perrin, sieur de Montloup. (2)

Melchior Papon mourut en 1601, dans un âge peu avancé ; et Jean Feydeau, devenu majeur, réclama de ses héritiers le paiement des 2,000 écus légués par Jean Papon. Une enquête fut ordonnée ; et par arrêt du 18 août 1608, l'existence du testament fut déclarée constante, et les conclusions du demandeur lui furent adjugées.

Cependant l'original soustrait demeura enseveli dans le coin le plus secret des archives de Goutelas. Il n'en sortit que soixante-douze ans plus tard, en 1680, à l'occasion de divers procès soutenus par François Papon, deuxième du nom. Il fut alors présenté de nouveau à l'audience du bailliage, et définitivement enregistré. La minute autographe a été perdue depuis ; mais la teneur nous en a été heureusement conservée par une copie faite sur un extrait du registre des insinuations, par François Papon, troisième du nom et fils du précédent.

(1) « Lequel testament feust leu par feu M. Michiel Bourgin lhors greffier. Et despuis ouy dire qu'il avoit esté satisfaict par led. feu Mre Melchior Papon. » (*Enquête*, etc. Déposition de Michel Chivillon, procureur. 18 février 1605.)

(2) *Enquête*, etc. Déposition de noble Jean Perrin, sieur de Montloup, docteur en droit. 19 février 1605.

Avant de mettre ce document sous les yeux du lecteur, je crois utile de reproduire le premier testament fait en 1576 par Jean Papon. Cette pièce, qui abonde en détails curieux, complète sur bien des points les indications du testament définitif : elle peut même servir, ainsi que nous le verrons, à en restituer le texte, altéré en plusieurs endroits par trois transcriptions successives.

J'ai respecté scrupuleusement l'orthographe, et jusqu'à la ponctuation de l'original (1). La seule liberté que j'ai prise, vu la longueur de l'acte, a été de le distribuer en plusieurs paragraphes, bien qu'il forme un seul contexte dans le manuscrit. (2)

PREMIER TESTAMENT DE JEAN PAPON.

« Au nom de Dieu, que le Iean Papon Conseiller du Roy juge et lieutenant general au Bailliage et ressortz de Forestz Me des requestes ordinere de la Reine mere du Roy recongnois pour chef et auteur de toutes choses, directeur de l'effect d'icelles, et mediateur de tous bons succes, soit commencé, peracheué et acompli ce testament, que je fais de gré et

---

. (1) L'orthographe est celle de l'époque où vivait Jean Papon, modifiée par quelques habitudes personnelles. Quant à la ponctuation, qui à première vue parait étrange, elle est cependant soumise à des règles assez fixes. Par exemple, la virgule ¡qui précède invariablement les relatifs *qui* et *que*) sert moins à marquer les repos naturels de la voix, qu'à indiquer l'union des divers membres de la phrase. Il y a là une petite curiosité grammaticale que j'ai cru devoir laisser subsister.

(2) Cette observation s'applique aussi aux deuxième testament.

certainne science escript et signé de ma main en cette
carte, protestant, que soubs le desir, que j'ay de l'execution
d'iccelluy, j'attens sa bonne volente, et l'heure, qu'il luy
plaira de m'appeller, luy remerciant tres humblement les
bienffaictz et faveurs, que j'ay receu de sa bonte infinie,
m'ayànt fait viure en santé de corps et de sens jusques en
l'aage de soixante et douze ans, pendant lequel temps, s'il y
a heu chose, qui m'ayt fait conceuoir crainte de la mort, elle
a procedé du malheur du temps, qui a esté tant injurieux
et turbulent, qu'il n'a laissé aux personnes de mon estat
une seulle heure de seurté contre les massacres entreprins,
et executes, et non d'aucune corporelle infirmité, n'ayant
de present aucune aultre occasion, qui me puisse suggerer
la memoire de la mort, que mondit aage, qui me commande
de mettre la main a la plume, et de tester et disposer
de ce, que j'ay acquis et assorti par mon trauail en ce
qu'il a pleu à Dieu me reseruer appres les pillaiges, ran-
connemens, et malheurs souffertz.

« Premier je supplie tres humblement ledict Seigneur
Dieu, qu'il lui plaise lors, que mon ame deslogera du corps
la receuoir et loger en son paradis sans entrer en jugement
auec elle, Ains par sa clemence abolir les charges d'ont
elle sera empeschee et trouuee indigne du rang des heureux,
auoir pitié et compassion d'elle et l'absouldre. Au secours
de cet affaire je inuoque deuotement l'ayde et credit de
la tressaincte et glorieuse Vierge Marie mere de Dieu et de
messeigneurs sainctz Iean Baptiste et Euangeliste, et de tous
aultres bienheureux, les suppliant de requerir et obtenir
abolition de toutes faultes et empeschemens susdictz.

« Quant a mon corps, je desire qu'il soit porté et mys
en la chappelle de sainct Roch en l'esglise de N^{re} Dame de

Montbrison au lieu, ou sont enterres feu M⁰ Iean Papon procureur du Roy audit Bailliage (1) ; Mᵉ Loys Papon sʳ du Montet tresorier et chanoine de ladicte esglise (2) son frere mes oncles, et Demoiselle Marie Bizoton ma femme (3). Et quant aux obseques je m'en remetz à mes heritiers et et executeurs soubznommes, pour par eux estre faict de mesmes, qu'ilz ont veu, que j'ai faict a l'enterrement quarantainne et bout de l'an de ladicte defuncte leur mere. Esquelz mes heritiers j'ordonne d'exactement obseruer les fondations faictes en ladicte esglise par ledict defunct Mᵉ Loys Papon, et demoiselle leur mere, qui sont d'une messe chacun jour en ladicte chappelle de Sainct-Roch a raison de xx deniers pour celluy qui la celebre, la fourniture de pain et vin chacun jour despuys le mescredy des cendres jusques au lundy de Pasques inclusiuement, et du melleur que l'on pourra trouuer au prescheur de la Caresme a Montbrison et ne permettre, que de leur temps soit faicte telle fourniture d'aultre main, que de la leur. Et tout ainsi desdictes messes, et des grandes *de compassione*, et de septembre sellon les testamens desd. Mᵉ Loys et demoiselle Bizoton, et aussi sellon la composition, que j'ai fait auec messieurs de lad. esglise de Nʳᵉ Dame ou j'ay retenu telles charges, m'asseurant tant de mon temps, comme j'asseure

(1) Jean Papon, procureur général au bailliage de Forez, sieur de la Mottelaissat et du Gayot. Il avait épousé, en 1507, Jacqueline de Puy Clamaud, dont il eut un fils, Jacques Papon, chapelain de N.-D. et curé de Savignieu, qui testa le 10 septembre 1558.

(2) Louis Papon, sieur du Montet, curé de Saint-Georges-Hauteville et de Saint-Forgeux-l'Espinasse, chanoine et trésorier de N.-D., né à Crozet, décédé le 16 mars 1559.

(3) Marie Bizoton, fille d'Yves Bizoton sieur de la Torrellière, résidant à Loches en Touraine, et d'Etiennette *Burgensis*: son contrat de mariage avec J. Papon du 30 janvier 1534; son testament du 25 juin 1572.

du temps de mesd. heritiers, qu'ainsi faisant ils prospere-
ront empescheant que lesdictes fondations ne soient delais-
sees et mal seruies, priant mesdictz heritiers de fournir et
payer aux dames et filhes du conuent de S. Claire de Montbrison incontinant appres ma mort xxxiij escus et tiers,
que j'adiouste a troys grandes pieces de tapisserie, que j'ay
achapte pour elles quatre vingtz escus et deliuré pour parer
le cueur de leur esglise, et de ce ensemble joinct je leur
fais aulmosne afin, qu'elles ayent occasion de prier Dieu
pour les ames desdictz defunctz et de moy. Ie veux aussi
estre payé aux freres mendians du conuent de Sainct
Franc[ois] de Montbrison seize escus deux tiers pour vestir
les mal vestus dudict conuent et qui seront ce faisant
admonnestes de faire mesmes prieres, que dessus. Ie donne
et legue à la luminaire et fabrique des esglises de S. Pierre
de Montbrison, de Torzie, et de Marcoux a chacune d'icelles
troys escus et tiers que je veux estre promptement
payes.

« Ie donne et legue a tous ceux et celles, qui se trouueront lors do ma mort en mon seruice domestic, soit a
Montbrison ou ailleurs troys escus et tiers oultre leurs
salaires. Quant a Iane Odin vefue de feu M\ Iacques Coste
chirurgien de Montbrison, qui a conduict mad. maison despuys sa viduité sans me faire aucun tort, soit en mon bien
ou aultrement, je defens, qu'elle soit recerchee soit par
reddition de compte, ou pour les meubles, habitz, ou aultres
choses, d'ont elle sera saisie, Ains veux et ordonne, que si
lors de ma mort ell' est vivant et se treuue en mon seruice domestic, et n'eu soit despartie lui soit deliuree la
somme de xx escus, que je luy legue pour demourer quicte
de ses sallaires, et sans y comprendre les salaires a elle

assignes sur le tutel de Rhenee ma petite filhe (1) de laquelle elle est gouuernante, lesquelz luy ont tousjours et
jusques a present esté payes par mes mains. Ie donne et
legue a lad. Rhenée une escuelle a oreilhe d'argent, que
je veux luy estre deliuree de ma vesselle d'argent.

« Ie viens a la distribution et partaige des biens tem-
porelz, qu'il a pleu a Dieu permettre estre pervenus en
mes mains tant par succession de mes predecesseurs, qui
m'ont honnoré du tiltre d'heritier, que du service des
Princes, et de mon trauail soit en l'exercice de judicature
royalle, ou j'ai versé cinquante ans et despuys l'aage de
xxij ans, que aultrement pour les affaires d'estrangers, qui
m'ont emploié. Pour peruenir a ce, je recongnois avoir
quatre enfans naturels et legitimes procrees de lad. demoy-
selle et de moy, laquelle par son testament m'a fait heritier vniuersel et chacun des troys masles particulier en
cinq cens escus excepte Me Loys, a qui elle a laissé, quelques immeubles, qui sont de mon propre. l'advertiray lesdictz appanes de v^c escus, que la legitime es biens de leur

(1) Renée Trunel dame du Poyet. Elle épousa Jean d'Ausserre, lieutenant général au bailliage de Forez et successeur immédiat de Jean
Papon. Sa mère, Sibylle Papon, fille de ce dernier, avait épousé en
premières noces Michel Trunel, seigneur du Poyet, et en secondes noces
Gilbert Feydeau, châtelain de Moulins.

La famille Trunel, de bourgeoisie montbrisonnaise, s'était élevée
dans la première moitié du xvie siècle, par suite d'heureuses spécu-
lations commerciales, à un degré remarquable d'opulence, ainsi qu'on
peut en juger par le volumineux inventaire, dressé en 1553, des meubles, valeurs et titres de toute espèce délaissés par Denys Trunel,
ancien secrétaire de la bande du marquis de Saluces, greffier, puis
élu en l'élection de Forez, seigneur du Poyet, et père de Michel Trunel.
— La seigneurie du Poyet (commune de Chazelles-sur-Lavieu) avait
été acquise par Denys Trunel de noble Perrin du Says et Claude Lucas
sa femme, par contrat définitif passé au mois d'août 1533.

mere est competente, et beaucop plus, qu'elle ne mon-
teroit, si elle estoit liquidee, d'aultant, qu'il fauldroit, que
son bien vallut six mil escus, qui ne vault le tiers et
mesmes, qu'appres sa mort se sont descouuertes plusieurs
deptes pour plus de huit cens escus, qu'il m'a fallu payer,
oultre les frais funeraires. Sur ce propoz pour esclaircir
le tout, je decl[are] et proteste, que l'ayant fait nommer
es aquestz, que j'ay cy deuant faictz ce a esté pour l'hono-
rer car de mes propres deniers j'ay payé tous les pris,
sans ce, que du sien y ayt esté employé une seule mailhe
et d'ailheurs ay basti la maison de Montbrison, celle de Goutelas et autres et y ay emploié dix mil escus. Au moyen
de quoy, en tant, que besoing seroit, et que mesditz enfans
entrassent en dificulté pour ce poinct, je leur declaire ne
voloir approuuer ny suiure l'adjunction que j'ay fait de
leur mere esd. acquestz, Ains en tant, que l'institution
d'heritier, d'out elle m'a vollu honnorer suyuant l'amitié,
que nous avons elle et moy continué durant quarante ans,
qu'auons demeuré ensemble maries, ne suffiroit, je la re-
nonque a la seulle fin d'empeechor los doubtes d'entre noz
enfans et les reduire au poinct de suiure ma disposition
presente et la distribution que j'entens faire, et veux estre
exactement obseruee.

« De nosdictz enfans l'aisné est maistre Estienne Papon,
lieutenant criminel audit bailliage aage de present de qua-
rante-deux ans, pour l'instruction duquel despuys xxxv
ans j'ay fait grans frais l'ayant fait nourrir aux bonnes lettres
en ma maison, soubz doctes precepteurs, que j'ay entretenu, et appres a Paris ; et pour la jurisprudence a Poitiers,
et pour la praticque au parlement de Paris et finablement
luy ay resigné l'estat de lieutenant criminel, que estoit vny

auec le myen ciuil d'ont a este pourveu et a jouy auec les
gaiges ordineres de ij° l. t. pour lesquelz gaiges et pour
retenir et empescher le desmembrement, qui estoit ordonné
par edict, j'auais financé grand'somme, et le tout comprins,
que j'ay fourny et desbource pour luy monte plus de quatre
mil cinq cens escus, et ay le tout fait librement et de bon
cueur esperant de veoir appres et prandre plaisir a l'em-
ploy, qu'il feroit de son scauoir et suyuroit aultres de
pareil aage et de moindre maison et de moindres moyens,
que l'on a veu soy jecter et paruenir en grans et honno-
rables estatz pour le seruice du Prince, d'ont neantmoins
et sans propos ni veoir occasion quelle, qu'elle soit, il
s'est diuerti, et a hai et detesté l'obeissance de ses pere
et mere, et de tous aultres, a qui il a deu deferer, et a
rejecté leur conseil, et comme par vn despit fait tout au
contraire de ce, qu'on lui a conseilhé, et s'est rendu jusques
a present iners, nonchalant, inutil, et farouche à tous tenant la contenance asses notoire de plus desirer le mespris,
qu'on a fait de luy, que toute aultre chose. Il y a xx ans,
qu'il est sorty des escolles et despuys a esté receu aduocat
tant en parlement a Paris, qu'audit Bailliage, qui est temps
suffisant pour auoir fait conoitre son intention et sa fortune.
Sa mere et moy auons fait tous nos effortz, quelque foys
par doulceur, aultrefoys par rigueur pour le mettre au
chemyn de bien faire, et exercer ce, qu'il auoit apprins,
mais partant n'auons rien peu obtenir, si non de veoir et
conoitre, qu'il s'est plus nonchallu a notre grand regret et
desplaisir, d'ont s'en est ensuiuy chose, dont je me tairay
pour le present. Seullement pour la compassion, qui m'en
est demeuree, je prieray Dieu de le conuertir et rammenner
au vray sentier qu'il a vollu delaisser. Ie luy ai donné

en contract de mariage d'entre luy et demoiselle Claudine
Bourdon despuys decedee (1) le dommainne du Bulbon purement et simplement, que j'auois acquis de mes propres
deniers de madame la Balliue Robertet, lequel dommainne
estoit pour toutes choses la nourrice de ma maison pour
l'habondance des fruictz d'ont il est fertil et d'aultant que
ladicte donation n'a termes de preciput, ains est a la charge
du rapport, je veux et entens, qu'il luy tienne lieu d'aultant,
qu'il peut valloir; et que (2) pour le moins au pris de ce,
qu'en ce pays se vendent les immeubles, est de la valleur
de quatre mil escus pour estre exempt de disme par composition confermee par N^re S. Pere le Pape, et encores y a
droict de leuer la disme d'aucuns voisins. A ce j'adiouste
et veux estre deliuré audit lieutenant criminel pour augmentation de son partaige tout ce, que m'appertient et que
je tiens et tiendray lors de mon trespas en Roannois au
mandement de Crozet et lieux circonuoisins consistant en
troys corps de maison cloux et fermé dans la ville de Crozet
aultre maison au haultbourg, qui est la maison ancienne
des Papons auec ses appertenances, jardins, prés fosses
despuys le pont leuys jusques a la tour Filhat comprins la
serue, vignes du Puytaferet de la Ras, Gamot et toutes aultres pres de la Jonchere, estangs, les quatre grenges de la
Vallete, la Vernye, la Roche et Gotianlong, et la rente de
Puyclamaud, et toutes aultres choses, que je tiens pour ex-
primees avec le bestail, meubles, vtencilles, vins et bledz,

(1) Un inventaire des archives de Goutelas (n° 4) dressé du vivant
de J. Papon, assigne à ce contrat de mariage la date du 2 avril 1567;
mais d'autres inventaires des mêmes archives (n°s 7, 8 et 13) s'accordent à le reporter au 2 avril 1570. Claudine Bourdon testa le 13 juillet
1572, ce qui permet de supposer qu'elle mourut la même année.
(2) Ou *qui*.

qui se trouveront audit lieu esdictes maisons caues et greniers, lors de mondit trespas auec ce, que je pourray y
acquerir, qui sera comme je veux estre en ce comprins,
comme aussi n'y sera comprins ce, que je vouldray cy
appres par quelque occasion aliener; et en ce que dessus
en mesmes estat, que je le tiendray soit d'augment, ou
diminution lors de mondit trespas je fais led. lieutenant
criminel mon heritier auec tous droictz noms et actions,
qui me peuuent appertenir a raison desd. immeubles, sans
neantmoins aucune garentie, mais aux charges soient de
cens ordineres ou encorus, lods, fondations, ypotecques,
et aultres quelzconques, et sans ce, qu'il puisse s'addresser,
pour les dificultes, qui pourront suruenir a mes aultres
heritiers mais luy mesmes soit tenu porter le fais et les
perilz suruenans, en soy defendre des tiltres que l'on
trouuera entre les miens, qui luy seront deliures et ren-
dus. Le tout sans aultre charges de mes debtes et laigs,
que de ce que dessus, et dont je veux, qu'il se contente
comme plus que suffisamment appanne, de tous droictz suc-
cessifz legitimes et laigs de pere et mere et aultres droictz
qu'il pourroit pretendre tant du chef de sadicte mere, que
de feu s^r de la Roche Me Estienne Papon mon oncle (1)
et aultres predecesseurs directement, ou indirectement soit
pour les fruictz perceus, ou aultrements encorus. Et au cas,
qu'il ne vollut soy contenir en ce que dessus et entreprandre

(1) Etienne Papon, prêtre, habitant de Crozet. Dans son testament,
en date du 17 juillet 1553, par lequel il nomme Jean Papon son héritier, en lui substituant son fils Estienne, il déclare « estre vieulx et
presque octuogenaire » et ordonne qu'on l'enterre dans la chapelle
de Saint-Etienne, « qu'il a faict edifier et bastir en l'eglise parrochialle
de Tourzie du couste du cueur de midy. » Ce testament fut insinué
au bailliage le 24 février 1560 (n. s.).

sur ses freres ou les leurs des a present je reuoque ladicte
augmentation et le restrains pour toute legitime audit dommainne du Bulhon, qui excede sa juste legitime. Le tout
sans prejudice et rescruant tousiours les substitutions cy
appres par moy faictes tant en faueur des siens, que aultres,
desirant qu'il vienne au point d'auoir enfans en loyal mariage, protestant; qu'il n'a tenu en moy, qu'il ne soit honno-
rablement marié, mais en luy, qui n'a jamais trouué bon
aucun party, dont je desirois, qu'il s'allia. Craignant donque
qu'il ne demeure en son opinion de viure en celibat, ou s'il
se marie, qu'il n'ayt enfans, et partant soit le bien, que je
lui laissé desmembré, qui est mon ancien et le plus asseuré
tant de Roannois, que du Bulhon, Ie luy substitue a faulte
d'enfans, et a ses enfans a faulte d'enfans scauoir quant au
Bulhon Mr Loys Papon prieur de Marcilly son frere, et appres
luy Melchior Papon son aultre frere et les siens sans aucune
distraction et pour les biens de Roannois et Crozet sus men-
tionnes, Sibille Papon ma filhe femme de Me Gilbert Fedeau
couseller du roy, chastellain de Moullins, et appres elle Ican
Fedeau son filz et dud. chastellain mon filheul a la charge
de porter les nom et armes enciens anciennes des Papons,
aultrement et en recusation de ce faire, ou bien, au cas, que
madicte filhe, ou son dit filz morussent sans enfans masles,
je substitue lesdictz freres Loys et Melchior, et appres eux les
enfans dudit Melchior par ordre successif, le tout sans distraction, que je defens. Neantmoins je laisse audit licutenant
criminel liberte de tester de ses legitimes de pere et mere
comprinses es bien a luy delaisses, qui est vne xij^e faisant
le tiers du quart, que luy viendroit *ab intestat*. Et combien,
que de cette substitution de choses particulieres ne soit
prinse Trebellianique, Neantmoins d'habondant je la defens
et interdis.

Pour le reste appres ce, que dessus de tous et chacuns
mes biens, que j'ay et qui m'appertiennent, et d'ont je
mourray saisi et vestu, meubles, immeubles, droictz, noms,
actions et aultres quelzconques cy dessus non comprins,
soient fiefz nobles, ou aultres je fais et nomme mes heritiers vniuerselz lesdicts Mr Loys et Melchior Papon freres mes
enfans a la charge de satisfaire a toutes mes charges,
debtes passiues, laigs et frais funeraires, et de fournir et
payer en cinq ans à ladicte Sibille Papon leur seur la
somme de cinq cens escus, qui est cent escus chacun an en
ce comprins le laigs de cinq cens l. t. a elle fait par sadicte
feu mere, et un vas d'argent doré servant d'esguiere, une
coppe doree avec son couuert aultre et moindre que la
grande, et vne salliere doree de ma vesselle d'argent, et
audit lieutenant criminel le bassin d'argent blanc, et vne
coppe doree avec son couuert ou sont au fond engrauees
les armoiries de Chalmazel et vne salliere blanche des plus
grandes d'argent et vne esguiere aussi d'argent blanc ou est
imprimee vne trompe Priant mesdictz heritiers de conseruer
le surplus de lad. vesselle appres les sept pieces susdictes
distraictes, d'ont je fais don et laigs audit lieutenant criminel et a sa seur. Ie reserue touttefoys, qu'au cas, que cy
appres pour quelque acquest, ou autre necessite je vinse a
vendre et me deffaire de madicte vesselle, ou qu'elle me
feut pilhee et ne se trouua lors de mon trespas en ma puissance pour satisfaire esdictz laigs, ilz soyent pour non faicts
ou bien reuoques. I'entends et veux que ledit prieur de Marcilly ayt le manyement et administration de tous mes dictz
biens laisses à luy et audit Melchior son frere a present
estudiant a Tholose, et non ledit Melchior jusques a ce, qu'il
aura surpassé l'aage de xxv ans, a la charge de faire bon et

loyal inuentaire tant pour faire paroitre, que led. lieutenant criminel est plus que doublement appané, que aussi pour tous aultres doubtes qui pourront suruenir. l'entens aussi, que lesdictz Marcilly et Melchior se comporteront en société de mesdictz biens a eux delaisses communement et par indiuis chacun par moitié et sans aucun aduantaige l'un sur l'aultre; et en tant, qu'ils ne pourroient temporiser ainsi, et y eut craincte, que leurs maisons ne feussent bien conduictes par le moyen de leur diuorce, Ie veulx qu'audit prieur de Marcilly soit laissee la maison de Goutelas avec la grenge prochainne les pres de Iarbet, qui furent acquis avec ceux, qui sont anciennement de Goutelas, (1) les dismes de S. Martin la Saulucté, celle d'Allieu et de Chasaut (2) les rentes acquises du prioré du Sal de Cozan, de Vergnon, (3) Sainct Disdier, (4) et celluy qui est anciennement de Goutelas avec le pré Rapail, que j'ai acquis du feu esleu de Tournon. Et ledit Melchior la terre et seigneurie de Marcoux tout ainsi, qu'elle se comporte, et comme je l'ay acquise, (5) les grenges de Messimieu, de Magnieu et du Montel (6), les pres de Foris et

(1) La terre et seigneurie de Goutelas, vendue par autorité de justice, fut adjugée à J. Papon et sa femme, au prix de 5,000 livres tournois, le 4 septembre 1559. Elle appartenait aux héritiers de Marguerite Bec, veuve d'Antoine de Rogemont, remariée à Antoine de la Bretonnière d'Aix.

(2) Chazaux, commune de St-Just-en-Bas.

(3) Vergnon, commune de Savignieu.

(4) St-Didier-sur-Rochefort.

(5) Terre et seigneurie de Marcoux, avec justice et dime, vendue à Jean Papon et sa femme, au prix de 10,250 livres tournois, par Claude de Sarron, seigneur de Vaux, Gabrielle de Frédeville sa femme et Antoine de Frédeville, doyen de Brioude, son beau-frère, le 16 novembre 1568.

(6) Hameaux de Meyssimieu, commune de Montverdun, et du Montel, commune de Bar. J'ignore où était situé le domaine de Magnieu. J'incline pourtant à croire qu'il s'agit de Magnieu près d'Amions.

du Breulh, le moullin Rong, (1) le jardin de la Croix, les dismes de Trecisses en la perroisse de S. Bonnet de Coreaux, de Rore et Dauoisenne en la perroisse de Sainct George sur Cozan, et la maison de Montbrison. Les meubles demeurans a chacun par moitié à la charge des debtes et de toutes charges hereditaires pour mesme portion. Le tout quant aux immeubles par provision et sans aduiser qu'une portion soit plus aduantageuse, que l'aultre. Ie leur commande neantmoins de soy accorder et viure et temporiser ensemble amyablement et comme deux freres, et audit Melchior de deferer a sondit frere.

» Oultre plus rememorant les grans trauaux, que j'ay continué despuys cinquante ans en ca suyuant la vacation, en laquelle soubdain appres mon infance escoullee j'ay este nourry, d'ont je peux raisonnablement desirer, que ma maison ainsi assortie ne prenne sitost fin, ores que rien de cette terre ne puisse durer, je defens a mesdictz enfans tant aisné, que ses freres, d'aliener ce, que je leur laisse, ains l'augmenter plustost, a peine d'ouvrir les substitutions, d'ont je les charge, et mesmes mes heritiers vniuerselz de la sorte, que s'ensuit; scauoir, que puisque ledit prieur de Marcilly s'est astrainct a l'estat ecclesiastic, je le requiers, et charge de la puissance, que Dieu m'a donné sur luy de conseruer sa portion entiere (de laquelle auec le reuenu des benefices d'ont a ma poursuite et par mes moyens il a pleu a Dieu le faire canoniquement et sans aucun vice pourucoir il pourra viure honorablement) et la rendre et restituer lors de sa mort audit Melchior son frere, ou es siens, que je substitue audit prieur sans aucune distraction, et prie instamment ledit prieur de Marcilly, qu'il y laisse passer sa legitime, et se

(1) Désigné dans le second testament sous le nom de *Moulin Rouge*.

contente d'un vsuffruict, et encores entens, que ladicte mort ensuiuye ledit Melchior, où les siens qui se trouueront lors viuans soient saisis directement de la portion susdicte. Et en tant, que ledit Melchior vint a mourir sans enfans ou ses enfans sans enfans nez en loyal mariage, je substitue a iceux, scauoir· audit Melchior et ses enfans ledit prieur de Marcilly, s'il est viuant, et a default de luy, ou appres luy les enfans dudit lieutenant criminel, et les leurs, qui se trouueront nez dudit temps et ce par ordre successif; et a faulte d'iceux, et des susnommés Melchior et ses enfants et dudit prieur de Marcilly, je substitue lad. Sibille Papon ma filhe et appres elle Iean son filz et autres a faulte de luy masles par ordre successif a la charge susdicte. Et appres les susdictz a faulte · de la droicte ligne j'appelle Mᵉ Gilbert Papon procureur du roy mon nepueu et appres luy celluy de ses masles myeux complexione et plus suffisant.

« Finablement je prie messieurs l'aulmosnier d'Ambierle frere Gilbert Papon et prieur de Iuré chamarier de Pomiers frere Pierre Papon mes freres, et ledict chastellain de Moullins mon beau filz et chacun d'eulx de prandre la charge d'executer ce present testament et composer mes heritiers tant particulier, que vniuerselz de tous troubles, sans les laisser en querelle. Ie reuoque tous testamens, si aucuns en y a, et mesmes vn par escript par lequel je laissois mon heredite a mad. feu femme pour lors de son trespas en faire a sa volente, que j'ay cassé, rompu et annullé soubdain appres sa mort. l'entens que si ce testament par escript estoit reprins de faulte de solempnite, il vailhe, comme codicille, et aultrement, comme pourra. Ie prie mesdictz executeurs de le faire publier, insinuer et enregistrer dans les six moys de l'ordonnance mon present testament, et aussi d'assister à l'inuentere qui sera fait de mes papiers, tiltres, liures, meubles, et aultres choses, et faire leuer les cachetz, qui auront este apposes, et veux, que l'un d'eulx en l'absence des aultres y puisse vacquer. Et ainsi, comme dessus est contenu je l'ordonne soubz le nom et faueur de mon Dieu, soubz lequel j'ay commencé et finis mondit testament escript et signé de ma main huy xxij^e d'octobre mv^clxxix en xi^{xx}xviij lignes sans radiature ny aultre chose considerable.

J. PAPON. »

« Depuys j'adiouste a mondit testament, que au cas que led. lieutenant criminel mon aisne filz, ou les siens feissent semblant et vollussent contreuenir aux substitutions, interdictz et conditions, dont j'entens et veux, que son bien soyt affecte, il soit restrainct audit Bulhon, qui est plus beaucop, que sesdictes legitimes. Ie veux aussi, que Me Baltazard Le Glaine soit entretenu, comme a este, et ce comme fidelle et affectionne scruiteur. Huy xxviij^e d'octobre 1579.

J. PAPON. »

(Suit un acte de dépôt reçu par le notaire Vidal, le 28 octobre 1579.)

Le deuxième testament de Jean Papon, au rapport
du notaire et des témoins qui intervinrent à l'acte de
suscription, était écrit, comme le premier, sur une
feuille de papier, fermé de deux lacets et scellé du
sceau du roi, de celui du testateur et de ceux des témoins. Nous avons dit que la minute originale était
perdue. Il en est de même du registre des insinuations
où elle avait été transcrite, et qui ne se retrouve ni
aux archives de la Loire ni à celles de l'enregistrement.

Tout porte à croire que la copie qui nous reste est
fidèle, encore que de troisième main. On sent bien
toutefois que l'orthographe primitive n'a pas été conservée. Il eût été puéril de chercher à la restituer.
J'ai donc adopté purement et simplement l'orthographe moderne. Le petit nombre de mots qui m'ont
paru omis ou évidemment mal transcrits ont été ré-
tablis entre crochets; et j'ai rejeté en note les passages
sur lesquels ont porté ces corrections.

DEUXIÈME TESTAMENT DE JEAN PAPON.

« Au nom de Dieu le Père, de Jésus Christ son Fils et
du Saint Esprit, *Amen*, cette sainte surnaturelle Trinité
représentée en trois personnes, et néanmoins en un seul
Dieu, que je crois fermement, reconnais et confesse chef
et auteur de toutes choses, directeur des effets d'icelles et
médiateur de tous bons succès, que j'adore dévotement et
tout mon cœur, avec très humbles supplication [et] prière (1)
qu'il lui plaise octroyer à moi, Jean Papon, conseiller du Roi,
Juge et Lieutenant général au bailliage et ressort de Forez,
Maître des Requêtes de la Reine Catherine, mère du Roi Henri
troisième à présent régnant, que ce présent testament que je
fais de gré et certaine science, écrit et signé de ma main,
soit à la louange et conservation, intégrité de ma maison,
pour si peu de bien qu'il y a, et aussi au salut de mon
âme, commencé, parachevé et accompli. Et là dessus, je
proteste n'avoir fiance, attente ni espoir autre qu'à ce qu'il
lui plaira et à sa divine et bonne volonté m'envoyer, atten-
dant l'heure qu'il faudra déloger. Je le remercie très humblement des bienfaits [et] faveurs (2) que j'ai reçus de sa
bonté infinie : m'ayant fait vivre en santé de corps et de
sens jusques à l'âge de soixante et quinze ans, durant lequel
[temps] s'il y a [eu] (3) chose qui m'ait fait concevoir crainte
de la mort, elle a procédé du malheur du temps qui a

(1) *Tres humbles supplication priere.*
(2) *Des biens faits faveurs.* V. le préambule du premier testament.
(3) *Durant lequel s'il y a chose*, etc. — Les mots entre crochets, que
la logique et la grammaire s'accordent à réclamer, ont été restitués
d'après une phrase presque identique du premier testament.

été, depuis vingt-trois ans en çà, tant injurieux et [turbu-lent] (1), qu'il n'a laissé aux personnes de mon état aucune heure de sûreté contre les massacres [entrepris et exécu-tés] (2), et non d'aucune corporelle infirmité : n'ayant de présent autre occasion qui me puisse suggérer la mémoire de la mort [que mondit âge] (3), qui me commande de mettre la main à la plume, pour me disposer de donner et ré-server des biens temporels, sans m'attendre au testament par écrit que j'ai ci-devant fait et dressé le vingt-deux octobre mil cinq cent soixante et dix-neuf, et codicille du vingt-huit dudit mois, depuis et le même jour présenté à un notaire, sept témoins ; d'autant que le temps, par la per-mission de Dieu, m'a emmené mille occasions de tester et disposer autrement que du contenu audit testament, du temps duquel j'avais quatre enfants vivants, trois mâles et une fille. Desquels depuis est mort Mᵉ Etienne Papon (4), lieu-

(1) *Tant injurieux et tribulant.* — Correction faite d'après le premier testament, où on lit : *qui a esté tant injurieux et turbulent.*

(2) *Contre les massacres entreprises executees.* — Premier testament : *contre les massacres entreprins et executes.*

(3) Nous ajoutons ces mots, qui semblent nécessaires, d'après le pre-mier testament : *n'ayant de present aucune aultre occasion qui me puisse suggerer la memoire de la mort, que mondit aage, qui me com-mande,* etc.

(4) Etienne Papon mourut le 4 juillet 1581, laissant un testament en date du 22 juin de la même année, par lequel il lègue l'usufruit de tous ses biens à Jean Papon son père et Louis Papon son frère, et institue pour héritier universel Etienne son filleul, fils de Gilbert Papon, pro-cureur du roi au bailliage de Forez. — Le langage que tient le testa-teur ne manque pas d'élévation, bien qu'on y sente quelque chose de plus apprêté que dans les deux testaments de Jean Papon. Il déclare « que despuys que Dieu luy a faict ce bien de cognoistre les lettres, « et acquerir d'icelles quelque erudition en l'estude, il a sur tous « pointz apprins a mediter la mort pour se rendre prest a toutes heures, « comme ceulx de tout aage y sont subjectz ; et que de ceste longue

tenant criminel audit bailliage, mon aîné, [et] (1) Sibylle
Papon ma fille, femme de [Me] (2) Gilbert Fedeau, conseiller
du roi, châtelain de Moulins ; et ne me sont demeurés que
Me (3) Louis Papon, prieur de Marcilly, et Melchior son puîné
frère, et Renée Trunel, dame du Poyet, fille de ladite feu
Sibylle et de son premier mari [Me] (4) Michel Trunel, et Jean
Fedeau, aussi fils d'elle et dudit [Me] (5) Gilbert Fedeau, son
second mari.

« Venant donc au testament et disposition que j'entends
faire de présent, je révoque et cancelle ledit dernier testament précédant cetuy ; et entends qu'à icelui ne soit pris
ni eu aucun égard quant [aux] (6) legs, institutions ni subs-

« meditation, il trouve maintenant la mort plus legiere, comme chose
« preveue, et est prest de subir l'ordonnance et volonté de Dieu. A ceste
« fin, et lors qu'il plaira à Nre Seigneur l'oster de ce monde, à ce qu'il
« ne soit prevenu, declaire s'estre mis cejourd'huy mesmes en l'estat
« de bon et fidelle chrestien pour paroistre devant nre grand et seul
« Dieu... Supliant tres humblement Dieu *n'entrer en jugement contre*
« *luy, car a son seul aspect n'y a vivant, si juste soit-il, qui ose com-*
« *paroir pour estre justiffié.* » Il fait un legs de 100 livres tournois
par an « pour... marier pauvres filles. » A Flory de la Grange, avocat
au bailliage, « son cher amy, » il donne sa bibliothèque ; à la chambre
du conseil du bailliage, « ung gros livre, couvert de rouge et doré sur
« la trenche, intitulé *Les Pendectes de Florence*, et ung code conte-
« nant les douze livres relies en parchemyn, pour y demeurer au ser-
« vice des srs qui vacqueront au conseil, et en memoyre dud. sr Papon. »
Ce testament, réformé par arrêt des Grands Jours de Clermont du 13
octobre 1583, donna lieu à un procès qui ne dura pas moins de trente
ans. — Voir sur Etienne Papon la *Revue Forézienne*, t. II, p. 97.

(1) *Mon aisné Sibille Papon ma fille.*

(2) *Mre.*

(3) Nous maintenons cette abréviation, parce qu'on la retrouve appli-
quée à Louis Papon dans le premier testament. Elle doit être traduite
ici non par *maître*, mais par *messire.*

(4) *Mre.*

(5) *Mre.*

(6) *Quand au legs.*

titutions, et autres choses, fors et excepté ce que je déclare sur les gratuités et libéralités faites à ma feue femme, damoiselle Marie Bizoton, en la nommant et ajoutant aux acquêts que j'ai faits constant notre mariage, même qu'il n'y a eu entre elle et moi aucune société soit universelle ou particulière de meubles et conquêts, en contrat de mariage ni ailleurs ; et lesquelles libéralités j'ai révoquées et derechef je révoque, pour être lesdits meubles et conquêts faits de mes propres deniers, sans qu'aucune chose y ait été employée du sien, [ores] (1) que par son testament elle m'ait nommé pour son héritier universel.

« Avant que de passer outre à disposer, en toute humilité et dévotion je supplie le Créateur [qu'il lui plaise] (2), lorsque mon âme délogera du corps, la recevoir et loger en son Paradis, sans entrer en jugement avec elle ; ains par sa clémence abolir les charges [dont] (3) elle serait empêchée et trouvée indigne [du rang des] (4) bienheureux, avoir compassion d'elle et la vouloir absoudre. Au secours de ce, j'invoque dévotement le crédit et aide de la très-sainte et très heureuse Vierge Marie, mère de Jésus-Christ, et de Nosseigneurs saints Jean-Baptiste et [autre Evangéliste] (5), et de tous autres bienheureux, les suppliant de requérir, moyenner

(1) *Hors que par son testament.*

(2) *Je suplie le Createur que lorsque...* — On a rétabli les mots entre crochets d'après le premier testament, qui porte : *Je supplie tres humblement ledict Seigneur Dieu, qu'il lui plaise lors, que mon ame deslogera du corps,* etc.

(3) *Dou elle seroit empeschée.* Premier testament : *d'ont elle sera empeschee.*

(4) *Devant les bienheureux.* Premier testament : *du rang des heureux.*

(5) *Et autres Evangelistes.* Premier testament : *sainctz Jean Baptiste et Evangeliste.*

la rémission de toutes fautes et empêchements susdits. Quant
à mon corps, je désire qu'il soit mis en la chapelle de St-Roch,
en l'église de Notre-Dame de Montbrison, si je meurs audit
Montbrison, et au tombeau où sont enterrés feu [M^e] (1) Jean
Papon, en son vivant procureur du Roi en Forez, seigneur
de la Mottelaissat, Mre Louis Papon, seigneur du Montet,
[chapelain] (2) et trésorier de ladite église son frère, mes
oncles, (3) [et] feu ladite damoiselle Bizoton ma femme.
Si je meurs à Crozet, je désire entre enterré en l'église
[de] (4) Crozet, paroisse dudit lieu, en la chapelle de St-
Antoine, où sont enterrés mes aïeux, père, mère et autres
prédécesseurs. Je me remets pour mes obsèques à la dis-
crétion des exécuteurs ci-après nommés, et aussi de mes
deux enfants et héritiers, les priant tous deux de faire de
même qu'ils ont vu que j'ai fait pour l'enterrement, quaran-
taine et bout de l'an de feu leur mère. [Esquels] (5) mes héritiers j'ordonne d'exactement observer les fondations faites
tant à ladite église de Notre-Dame que toutes autres par nos
prédécesseurs, et même par ledit s^r du Montet et damoiselle
leur mère, et même d'une messe chacun jour en ladite chapelle
de St-Roch et [des] grandes *de [compassione]* (6) et autres,
et la fourniture du pain et vin du prêcheur depuis le mercredi
des Cendres jusques au lundi de Pâques inclusivement, et

(1) *M^{re}*.

(2) *Chatelain*.

(3) *Son frère et mes oncles feu ladite damoiselle*, etc. J'ai cru devoir
transposer la conjonction.

(4) *Du Crozet*.

(5) *Et auxquels*. Le premier testament porte : *Esquelz*, qui est pro-
bablement la bonne leçon.

(6) *Et les grandes de compassion*. Correction conforme au texte du
premier testament.

ne permettre que de [leur] (1) temps soit faite aucune fourniture d'autre main que de la leur. Et tout ainsi des messes,
suivant les fondations et compositions que j'ai de ce faites
avec M^{rs} les doyens et chanoines du chapitre de lad. église de
Notre-Dame, où j'ai retenu et exécuté de mon temps la
charge de telles fondations; m'assurant de mondit temps,
comme j'assure de mesdits héritiers, qu'ainsi faisant ils pros-
péreront et empêcheront que lesdites fondations ne soient
délaissées et mal servies. Je les prie donc d'avoir sur ce
l'œil ouvert, faisant le tout observer.

« Je les charge aussi de fournir [et] (2) payer pour une fois
aux dames filles de Ste-Claire de Montbrison, incontinent
après mon décès, trente-trois écus et [tiers] (3) dont je leur
fais aumône, les priant de prier pour les âmes desdits
défunts et de moi; et aux Frères Mendiants de St-François
de Montbrison seize écus et [deux] (4) tiers, valant cinquante
livres tournois, pour vêtir les mal vêtus de ce couvent qui
seront, ce faisant, admonestés de faire même prière que
dessus; plus à la luminaire [et] (5) fabrique [de] (6) Crozet,
St-Pierre de Montbrison et de Marcoux, à chacune d'i-
celles trois écus et tiers, désirant le tout être promptement payé; et encore à tous ceux qui se trouveront à mon
service à l'heure de ma mort, soit à Montbrison ou ailleurs,
à chacun ou chacune trois écus et tiers, outre leurs salaires

(1) *Que de ce temps.* Premier testament : *que de leur temps.*

(2) *Fournir payer.*

(3) *Trante trois escus et quarts,* mais l'erreur semble évidente, le
legs de 33 écus et tiers étant déjà contenu dans le premier testament, et
revenant d'ailleurs à la somme ronde de 100 livres tournois.

(4) *Seize écus et tiers.* Cette correction résulte de l'équivalent in-
diqué.

(5) *A la luminaire fabrique.*

(6) *Du Crozet.*

dont ils seront payés suivant le règlement de mon papier journal.

« Je donne et lègue à Renée Trunel, ma petite fille sus-nommée, une aiguière et coupe d'argent blanc, des plus belles et plus pesantes, et une écuelle à oreilles [et] (1) salière plus petite d'argent, le tout avec vingt écus pour s'habiller en deuil, soit mariée ou non, et je la fais (2) mon héritière particulière. Déclarant que pour la connaître suffisamment assortie de biens, à elle délaissés par ses père et mère, elle n'a besoin d'être autrement et mieux avan-tagée de mon bien, et même qu'elle a un frère utérin pauvre, sans autre secours plus que de ce qu'il lui pourra ci-après advenir : joint que depuis quatre ou cinq ans en çà j'ai chèrement, et en tel honneur que j'ai pu, nourri et [entretenu] (3) de tout ladite Rénée, avec peu de récompense ayant égard à la sorte et honneur dont elle a été entretenue, avec trois personnes ordinairement.

« Et quant à son frère, Jean Fedeau, ayant égard à sa pauvreté et à ce que j'ai fiance qu'il pourra [parvenir] (4) et [voudraient bien ses aïeux et père qu'il prenne] (5) le nom et les armes des Papon, je le fais et institue mon héritier particulier en tout ce qui m'appartient et ce que je tiens ou tiendrai (6), lors de mon décès au pays de Roannais, man-

(1) Une escuelle à oreille saliere, etc.

(2) Très-probablement : Et je la fais en ce, etc.

(3) Entretenir.

(4) Prevenir. Mais François Papon avait d'abord écrit parvenir, leçon qui semble bien préférable et que je crois devoir rétablir dans le texte.

(5) Et vouroit bien ses ayeux pere qui prene le nom et les armes des Papons. Il faut noter qu'au lieu de voudroit on lisait d'abord vaudroit, et qu'au moyen d'une surcharge l'a a été transformé en o.

(6) Et ce qui tient ou tiendra. Premier testament : tout ce, que m'ap-pertient et que je tiens et tiendray lors de mon trespas en Roannois au mandement de Crozet.

dement [de] (1) Crozet, soit maisons, granges ou jardins, prés, terres, bois, étangs, pâquérages, rentes nobles, et autrement en quelque sorte que ce soit, que je tiens pour exprimé pour le menu, meubles, ustensiles, linges, blé, vin, fûts, et toutes autres choses sans exception qui se trouveront ès maisons, cours, greniers, [celliers], (2) et granges desdits lieux lors de mon trépas. Et en ce je veux et entends être compris ce que je pourrais acquérir, comme aussi n'y sera compris ce que je pourrai ci-après, par quelques occasions de m'accomoder mieux, aliéner; mais sera entendue, prise et exécutée ladite institution de ce dont je me trouverai saisi audit lieu (3) lors de mon trépas. Le tout à la charge néanmoins que, s'il advenait que ledit Jean Fedeau vînt à mourir sans enfants, le tout [parvienne] (4) de plein droit sans distraction audit Mre Louis Papon, prieur de Marcilly, et après lui à Melchior Papon son frère et ès siens, et à faute d'iceux à madite petite-fille Rénée et à ses enfants mâles successivement du premier au second, à la charge susdite de porter le nom et les armes des Papon : la présente ordonnance fidéicommissaire sous condition, tant de faute d'enfants, que de ne vouloir prendre le nom et armes des Papon par ledit Fedeau et autres des enfants de ladite Renée.

« Au résidu de mes biens, meubles, immeubles, droits, noms, raisons et actions et réclamations que j'ai et [qui m']appartiennent (5), et dont je mourrai saisi et vêtu, je fais et nomme mes héritiers universels les susnommés Mre Louis

(1) *Du Crozet.*
(2) *Cellier.*
(3) *Ce dont aud. lieu je me treuveray saisy aud. lieu.*
(4) *Parvenir.*
(5) *Que j'ay et apartiennent.*

Papon, prieur de Marcilly, et Melchior Papon, mes enfants naturels et légitimes et de ladite damoiselle Bizoton défunte, à la charge de satisfaire à mes dettes passives, charges, frais funéraires, et sans en faire porter ni contribuer aucune chose audit Jean Feideau, héritier particulier, qui ne sera tenu de porter autres charges que celles dont les biens à lui délaissés se trouveront chargés expressément, comme cens ordinaires et encourus, lods, fondations de mes prédécesseurs, et de porter les difficultés qui pourront survenir, qui ne s'en pourra pas recourir [ui] (1) adresser à mesdits héritiers. Et sur ce, je fais déclaration que je n'y sache aucune chose à craindre, comme en chose qui a procédé depuis temps immémorial de mes prédécesseurs. Néanmoins, seront délivrés tous titres, papiers, lors de l'inventaire qui sera fait.

« J'entends et veux que, [de] (2) mesdits deux héritiers universels chacun par moitié, ledit prieur de Marcilly ait le maniement et administration de tous mes biens délaissés aux deux communément par indivis, et non ledit Melchior, jusqu'à ce qu'il aura surpassé vingt-cinq ans de son âge, à la charge de faire inventaire. Je requiers les deux de se comporter en société et vivre fraternellement sans dissociation. Néanmoins, en tant que cela ne se pût faire, et y eût crainte que leurs maisons ne fussent bien conduites par le moyen de leur divorce, je veux qu'au prieur de Marcilly soit laissé la maison de Goutelas et la terre et seigneurie de Marcoux, avec les domaines, granges, rentes et dixmes et toutes autres choses qui en dépendront et y sont [con-

(1) *Recourir adresser.*
(2) *Que mesd. deux héritiers.*

jointes] (1) et appartiennent, les dixmes de St-Martin
d'Allieu, la Chanal (2), [le] (3) Roure, Davoissenne, Trecisses
et les rentes acquises du prieuré de Marcilly et du Sail d
Couzan et de Grezolon (4), et le domaine que j'ai acqui
de feu l'élu Tournon lès Montbrison ; et audit Melchio
la maison de Montbrison tant de la Grand'Rue que der
rière, le grand pré de Foris que fut de [Puyclamaud
(5), le moulin Rouge, le jardin de la Croix, le Bullion
Magnieu et le Montet, le pré du Breuil acquis de Mre Jea
Perrin ; les meubles demeurant [à] (6) chacun par moitié
à la charge des dettes et toutes charges héréditaires pa
même portion : ladite division faite par provision, sans qu
par icelle l'un puisse acquérir avantage sur l'autre, a
préjudice des substitutions ci-dessous déclarées. Et sur ce
je leur ordonne et commande de soi accorder, vivre et tem
poriser ensemble et socialement comme frères ; et aud
Melchior de déférer à son frère.

« Et au surplus, remémorant les grands travaux qu
j'ai continué depuis cinquante-deux ans en çà, suivant l
vacation en laquelle, soudain mon enfance écoulée, j'ai ét
nourri ; dont je puis raisonnablement désirer que ma maiso
ainsi assortie ne prenne sitôt fin, (ores que rien de cette terr
ne puisse durer) ; et de telles choses je ne puis [céler] (7

(1) *Conjoints.*
(2) La Chanal, commune de Saint-Georges-en-Couzan.
(3) *La Chanal Roure.*
(4) Il s'agit d'une rente, dite de *Genétines,* qui se levait à Saint
Didier, Saint-Just-en-Bas, le Sail, Trelins, etc. Elle fut acquise par Jea
Papon en 1580, de Michel Grezolon, bourgeois de Montbrison, moyen
nant 200 écus sol.
(5) *Plicamaud.*
(6) *Demeurants chacun.*
(7) *Sceler.*

de ce que, ces derniers jours, m'a été [proposé] (1) et donné
sur mon âge si grand regret et déplaisir, que j'ai légitime
occasion de craindre pareille conséquence sur le reste de
mon bien. J'avais en contractant donné à mondit fils aîné
le Bullion, par moi et de mes deniers acquis de madame la
baillive Robertet, pour ce faire vendu de mon patrimoine,
espérant que par ladite donation je ne serais frustré de mon
intention, qui était qu'icelle pièce demeurerait propre en
ma maison pour la conservation d'icelle. Néanmoins est
advenu que mondit fils et donataire, par sa contumace et
désobéissance, ait voulu priver moi et mes autres enfants de
ce domaine et l'a vou[lu] (2) affecter à parvenir à d'autres
qui lui sont étrangers et ont été instruments de sa contumace et de ses indignités; tellement que d'eux j'ai été
contraint de racheter ledit domaine, ores qu'il me de-
vait librement revenir, qui est une peine et grande dé-
pense (3). Pour empêcher la ruine de ma maison, cela me
donne juste occasion de procéder aux interdits et substitutions qui seront ci-après déclarés. C'est que, puisque ledit
prieur de Marcilly s'est astreint en l'état ecclésiastique, je le
requiers et néanmoins charge, de la puissance que Dieu
m'a donnée sur lui, de conserver sa portion entière, (de
laquelle, avec le revenu des bénéfices dont, par mes
moyens, il a été selon Dieu canoniquement sans aucun vice
pourvu, [il] (4) pourra honorablement vivre), et la rendre et
restituer audit Melchior son frère ou ses enfants naturels et
légitimes, que je substitue successivement audit prieur de

(1) *Prepose.*
(2) *Et lauou affecter.*
(3) *Qui est une peine et grande despance pour empescher la ruine de
ma maison, cela me donne, etc.*
(4) *Sans aucun vice pourveu; pourra, etc.*

Marcilly, que je prie instamment de [ce] (1) faire sans distraction. Et là dessus j'entends que [sa] (2) mort ensuivie, ledit
Melchior ou les siens qui [se] (3) trouveront lors vivants
sóient directement saisis. Et en cas que ledit Melchior vînt à
mourir sans enfants, ou ses enfants sans enfants nés en
loyal mariage, je substitue audit Melchior [et] (4) ses enfants
ledit prieur de Marcilly, s'il est vivant, et à défaut de lui,
ou après lui s'il se trouvait vivant après la mort dudit Melchior et de ses enfants, je substitue le sus nommé Jean
Fedeau et les siens mâles successivement de l'aîné au
puîné, à la charge de porter le nom et armes de ma maison ;
et à défaut d'eux je substitue le second mâle de ma petite
fille Renée Trunel, à ladite charge. Je défends expressément
toute aliénation de mon bien.

« Finalement, je requiers le sus nommé [M°] (5) Gilbert
Feideau et Monsr le chamarier de Pommiers frère [Pierre] (6)
Papon, mon frère, et chacun d'eux, de prendre la charge
d'exécuter ce présent testament et composer mes héritiers
de tous troubles, sans les laisser en querelle, et de faire
publier ledit testament dans les six mois, et d'assister à l'inventaire qui sera fait de mes papiers, titres ou autres meubles et autres choses, sans permettre l'assistance de ceux
qui [de] (7) gaîté ont voulu et voudraient volontiers ruiner
et bien troubler ma maison et mettre en fatigue mes héri-

(1) *De faire sans distraction.*
(2) *Que la mort.*
(3) *Qui seront treuveront lors vivant.*
(4) *Aud. Melchior ses enfans.*
(5) *M^{re}.*
(6) *Monsr le chamallier de Pommier frere prieur Papon.* — Premier
testament : *frere Pierre Papon.*
(7) *Du gayette.*

tiers, comme ils ont mis le père tant du vivant dudit feu lieutenant criminel, son fils, qu'après sa mort; et que l'un desdits exécuteurs puisse procéder avec mesdits héritiers en l'absence de l'autre. Finalement, j'ordonne et enjoins à mesdits héritiers d'entretenir et aider à nourrir Mre Balthazar Le Glaine, prêtre, prébendier de la messe du Prince au Donjon, habitué de l'église collégiale de Notre-Dame de Montbrison, et lui faire comme j'ai fait durant vingt ans qu'il m'a servi fidèlement et diligemment : et prie ledit prieur de Marcilly de lui laisser jouir de la cure de Chambéon et fruits d'icelle. Et ainsi comme dessus est contenu je l'ordonne au nom de Dieu, [sous] (1) la faveur duquel j'ai commencé, continué, fini ce présent testament, écrit et signé de ma main en deux cents et quatre lignes, sans radiature considérable, sinon celles qui sont faites en cent quinze, cent seize et cent dix-sept lignes. J'ajoute néanmoins qu'en tant que ledit testament fût repris de faute de solemnité, il vaille par donation à cause de mort ou codicille, ou autrement comme il pourra. Huy, en ma maison de Goutelas, le vingt avril mil cinq cents quatre-vingts et deux. Ce seront donc deux cents dix-neuf lignes. Jean Papon. Ainsi je veux et requiers être exécuté.

« Depuis, et ce treizième (2) de janvier, jour de Saint Hilaire, je Jean Papon, ayant pris avis que ma maison de Crozet et tout ce qui m'appartient en Roannais est le naturel

---

(1) *Sur la faveur.* — Premier testament : *soubz le nom et faueur de mon Dieu.*

(2) La fête de saint Hilaire tombe aujourd'hui le 15 janvier dans le calendrier de l'Eglise de Lyon ; mais elle était anciennement célébrée le 13. (*Breviarium juxtà ritum cathedralis et primatialis Ecclesiæ Lugdunensis. — Lugduni, apud Benedictum Rigaudum.* 1584.)

et vrai patrimoine des Papon, craignant que mes enfants trouvent mauvais de les en priver, j'ai repris mon testament sus écrit et y ajoute ce codicille, par lequel je veux et ordonne que permis soit à mesdits enfants, héritiers susnommés, de retenir ladite maison, et tous lesdits biens de Roannais, en fournissant audit Jean Feideau deux mille écus, dont je lui fais don et legs ; et en ce je le fais mon héritier particulier, sans charge de porter le nom des Papon, qui demeurera à son plaisir. Au demeurant, je veux et ordonne que mesdits héritiers soient tenus de laisser jouir mondit frère le chamarier de la maison [de] (1) Crozet pour habitation et des vignes dont il a déclaration de ma main par forme d'instruction, et [que] (2) lui seul, en l'absence de Monsr Feideau, soit exécuteur. JEAN PAPON. Ainsi je le veux et ordonne.

« Aujourd'hui, vigile de Noël, vingt et quatrième décembre, avant midi, mil cinq cents quatre-vingts-quatre, Mre Jean Papon, conseiller du Roi, lieutenant général au bailliage de Forez, en sa maison de Montbrison, en présence de moi, Jean Vidal, notaire royal et garde-note, et où étaient les sous-nommés témoins appelés (3) et requis, a présenté cette carte, qu'il a dit et affirmé être écrite et signée de sa main du jour de saint [Hilaire] (4) dernier passé, et leur a dit

(1) *Du Crozet.*
(2) *Et qu'il luy seul.*
(3) *Tesmoins et apelles et requis.*
(4) *Du jour de saint Mathieu dernier passé.* Cette leçon est évidemment fautive. La fête de S. Mathieu tombe le 21 septembre ; elle ne correspond par conséquent ni à la date du testament, ni à celle du codicille. En adoptant la correction que je propose, on voit que ce dernier serait du 13 janvier 1584.

[et] (1) prononcé tant à moi qu'auxdits témoins telles paroles :
« Messieurs, je veux et entends que le contenu en l'enclos
« de cette carte soit mon testament par écrit, et vous prie
« d'en porter témoignage et assister à la publication et
« ouverture d'icelle, si faire se peut : autrement je veux
« qu'audit Vidal, notaire, qui reçoit cette déclaration, soit
« cru et foi ajoutée, pour le désir singulier que tout le
« contenu audit testament soit observé après ma mort.
« Je vous prie tous, tant notaires que témoins, de cache-
« ter [et] (2) signer de vos cachets, si vous en avez, et
« encore je prie ledit Vidal, notaire, de prendre la peine
« de porter ladite carte testamentaire ès mains de mes
« bonnes et chères sœurs et mères abbesse ou vicaire de
« Sainte-Claire, et les requérir de ma part d'icelle prendre
« et bien garder jusques après ma mort, et icelle advenue,
« la faire publier à l'œuvre de mes héritiers, qui sont M^{re}
« Louis Papon et Melchior Papon; » et a requis acte, qui
lui a été octroyé; en présence de Mre Guillaume du Barri,
prêtre ord^{re} (3); [M^e] (4) Pierre Gueidet, greffier; Fleury
Merle, commis au greffe criminel ; Antoine Grozelier, notaire
royal; André de l'Estra, clerc; Jean Verney, serviteur dudit
s^r Papon ; François Boulard, aussi commis au greffe de Saint-
Bonnet, tous habitants de Montbrison, témoins, qui ont signé
avec ledit Sr Papon. JEAN PAPON, *testateur*. DU BARRY,
témoin. GUEIDET. (5) GROZELIER. DE L'ESTRA. MERLE.

(1) *Dit prononcé.*

(2) *De cacheller signer.*

(3) Cette qualification de *prêtre ordinaire* est bizarre : il est probable
que le mot *ord^{re}* a été mal lu par l'auteur de la copie, ou qu'il était
complété par un autre dans l'original.

(4) *M^e*.

(5) *Dubarry tesmoin, Vidal, Gueidet.* La mention de la signature du
notaire Vidal étant répétée plus loin, elle paraît devoir être supprimée ici.

VERNEY. BOULARD. Et VIDAL, *notaire royal*. Cette carte a été remise ès mains de (1) dame Louise de Vaux, abbesse, les an et jour susdits.

« Le testament solemnel ci-dessus a été présenté en jugement pardevant nous Jacques Pouderoux, écuyer, seigneur de Batailloux, conseiller du Roi, président, lieutenant général au bailliage et sénéchaussées de Forez, par [Mᵉ](2) Claude Fougerouse, procureur de [Mʳᵉ] (3) François Papon, seigneur de Marcoux, qui [en] (4) a requis la lecture, publication et insinuation ; laquelle lecture [et] (5) publication a été faite par notre greffier : ordonné qu'il sera insinué et enregistré au livre des insinuations dudit bailliage, ce qui a été fait par le greffier soussigné ès feuillets dudit registre quarante-trois, quarante-quatre, quarante-cinq, quarante-six, quarante-sept, (6) quarante-huit et quarante-neuf, pour servir et valoir en temps et lieu ce que de raison, sans approbation préjudiciable, par surabondance de droit, pour se pourvoir ainsi qu'il avisera bon être. Huy vingt-trois février mil six cents quatre-vingt. Signé POUDEROUX, *lieutenant général*.

« Collationné sur le registre des insinuations pour servir ce que de raison.   VIAL. » (7)

D'après Sonyer du Lac, qui d'ailleurs donne pour le décès de Jean Papon la date inexacte du 16 novem-

(1) *Es mains l'an et jour susd. de dame Louyse De Vaux*, etc.
(2) *Mʳᵉ*.
(3) *Mᵉ*.
(4) *Qui a requis la lecture*.
(5) *Lecture publication*.
(6) *Et quarante six et quarante sept*.
(7) Cette signature n'est point originale.

bre 1590, ce dernier serait mort dans son château de Marcoux, ou plutôt de Goutelas (1). Je ne saurais dire si cette assertion est fondée ; mais il paraît certain que Jean Papon fut inhumé, comme il l'avait désiré, en l'église de Notre-Dame de Montbrison, dans la chapelle de Saint-Roch. (2)

Cette chapelle, qui semble n'avoir pas été connue sous ce vocable par le savant et regrettable dom Renon (3), n'est autre que celle placée aussi sous l'invocation de Sainte Catherine et qui est aujourd'hui dédiée à la sainte Vierge. C'est ce que prouve un testament du chanoine Louis Papon, oncle du lieutenant-général, en date du 28 juillet 1545, par lequel il élit sa sa sépulture « a l'eglise collegial de N^re-Dame dud.

« Montbrison, en la chapelle Saincte Catherine et du
« benoist Sainct Roch, au tumbeau et lieu ou est en
« sepulture le corps de feu Mors^r maistre Jehan Papon
« son frere, en son vivant procureur general pour le
« Roy nostre Syre au conte et pays de Fourestz. » (4)

(1) *Observations sur l'état des tribunaux du Forez*, p. 67.

(2) « Dans ceste mesme esglise est l'enterrement des Papons, ou est « le corps de Jehan Papon, conseiller du Roy et lieutenant general en « se bailliage environ quarante ans, dont les beaux escris rendent la « renommée perpetuelle. » (Anne d'Urfé. *Description du païs de Forez*, dans Aug. Bernard, *Les d'Urfé*, p. 431.

(3) *Chronique de N.-D. d'Espérance.* V. les pp. 152 et 539 de cet ouvrage.

(4) Voir aussi le testament de François Papon, troisième du nom, par lequel il élit sa sépulture, s'il meurt à Montbrison, dans sa chapelle dédiée à Saint-Roch, en l'église de Notre-Dame, au tombeau où ses prédécesseurs ont été enterrés (12 avril 1727); et un testament de Marianne, sa sœur, qui élit sa sépulture dans la même église, *aux vas et tumbeaux de ses predecesseurs, qui sont dans la chapelle de Saint-Roch.* (25 juillet 1740.)

Nous avons vu que Marie Bizoton, femme de Jean Papon, avait été ensevelie au même endroit. La Mure dit expressément qu'on voyait le tombeau de cette dame dans la chapelle de Sainte-Catherine, et il nous a conservé son épitaphe, qui était gravée sur une table de marbre : *Conditur hic casti libertas plena pudoris.* Au-dessous était sculpté son écusson « contre parti « à celui de Papon, et parti d'azur à un lion d'or, « armé et lampassé de gueules, et une fleur de lys « d'argent en pointe. (1) » Son fils, Louis Papon, prieur de Marcilly, reposait à ses côtés. (2)

La chapelle de Sainte-Catherine fut possédée jusqu'à la Révolution par la famille Papon.

Par transaction du 18 avril 1639, entre le chapitre de Notre-Dame et François Papon, au sujet de plusieurs commissions de messes fondées par les ancêtres de ce dernier, il fut accordé « que lesdictes messes « se diront dans la chapelle de Sainte-Catherine « *appellée des Papons* appertenant audit sieur de Goutelas, » et que les chanoines « seront tenus d'attendre ledit sieur de Goutelas et les siens. » En 1743, un sieur Cluzel, vitrier, présente un compte pour avoir réparé une fenêtre et peint six écussons armoriés, à une livre pièce, dans la chapelle de Notre-Dame de Montbrison appartenant à M. de Goutelas.

(1) Les armes de Marie Bizoton, décrites ici comme parties avec celles de son mari, ont été attribuées par erreur à une famille *de Goutelas* dont l'existence me parait un peu douteuse.

(2) *Catalogue d'illustres* pour l'église collégiale et royale de Notre-Dame, dans Renon. *Chronique de N.-D. d'Espérance.* p. 564.

Trente ans plus tard, M. Gérentet, chanoine-syndic de Notre-Dame, écrit à François-Philippe Ducros-Papon pour l'engager à faire recrépir extérieurement la chapelle qu'il possède dans cette église, ainsi que le chapitre vient de le faire pour l'ensemble de l'édifice (1). Enfin, par délibération du 7 mars 1787, le chapitre reconnaît en ces termes le droit des représentants de la famille Papon :

« Déclarons que si bien nous avons jugé à propos de détruire l'ancienne chapelle sous le vocable de la Sainte Vierge adossée à un des piliers du chœur de notre église, qui faisoit une difformité dans le collatéral du côté droit, et l'avons transporté dans la chapelle de Saint-Roch qui appartient à la maison de Goutelas, que nous avons fait décorer, de son agrément (après avoir fait blanchir la voûte et réparer les vitraux auxquels a été mis une grille en fer en dehors [et] fait recadeter à neuf ladite chapelle) d'un nouvel autel, d'un boisage autour de ladite chapelle et d'un balustre en fer, [nous] n'avons point entendu nuire ni préjudicier aux droits de propriété de Monsieur de Montmard, chevalier, seigneur de Marcoux et de Goutelas, ancien capitaine au régiment de la Serre (*la Fère*), représentant les Papons dans lad. chapelle, vas et tombeaux en icelle, que les armes de cette famille qui y sont empreintes ont été respectées et conservées; et consentons que mondit sieur de Montmard de Goutelas en jouisse tout ainsi et de la même manière que lui et ses auteurs en ont joui et ont eu droit d'en jouir : à l'effet de quoi, il sera remis à mondit sieur de Goutelas une clef de ladite chapelle. »

(1) Lettre du 8 mai 1775.

On sait avec quelle magnificence la chapelle de la sainte Vierge a été restaurée de nos jours, sous l'administration si zélée et si intelligente de M. le chanoine Crozet. Au pied des nobles statues de Fabisch, et sous le regard de Celle qu'il invoquait dans son testament avec une si ardente confiance, repose le grand juge Papon. Mais la pierre de son tombeau est muette, et la croix de ses armes ne brille plus sur les murailles.

Il serait digne du corps judiciaire qui perpétue au milieu de nous les traditions du bailliage de Forez, il serait digne de la ville de Montbrison de rétablir les armoiries de Jean Papon dans la chapelle qui abrite sa tombe (1), et de rappeler par une inscription la mémoire de cet homme de bien et de vaste savoir. Car, disaient il y a trois siècles les consuls et les habitants assemblés : « Ladite ville de Montbrison est tenue et
« obligee pour beaucoup de raisons audit sieur Papon,
« qui n'a jamais espargné aucun de ses moyens, soit
« de faveur, deniers, conseil et credit, pour icelle supporter, tant du temps de la guerre que de la paix. »

---

(1) La plupart des héraldistes ont mal blasonné les armes des Papon qui, d'après les lettres originales d'anoblissement (Bibl. de Montbrison, Mss. 27) et de nombreux monuments figurés, sont *d'or à la croix d'azur, accompagnée de 4 pointes de gueules mouvant du chef, 2 à dextre et 2 à senestre.*

(2) *Acte d'assemblée des consuls et habitants de Montbrison,* 11 novembre 1582.

LETTRE DE HENRI III A JEAN PAPON, LIEUTENANT GÉNÉRAL AU BAILLIAGE DE FOREZ.

M. de Chantelauze, dans ses *Portraits d'auteurs foréziens*, a cité une lettre écrite par Henri III à Jean Papon, en faisant toutefois certaines réserves sur l'existence réelle de ce document.

Voici le texte de cette lettre, d'après l'original qui s'est retrouvé dans les archives de Goutelas :

« DE PAR LE ROY.

« N^{re} amé et feal ayant este adverty du bon devoir que vous avez faict pour le bien de n^{re} service a la conservation de n^{re} ville de Montbrison Nous ne voullons pas oublier de vous faire entendre combien nous en recevons de contentement et satisfaction et de vous dire que en recongnoissance de ces bons offices et de tant d'autres affectionnez et fidelz services que vous nous avez faictz parcydevant dont nous avons certaine congnoissance Il (*s'il*) se presente quelque bonne occasion pour v^{re} bien et advantaige Nous n'oublirons jamais de vous gratiffier et d'aillieurs vous maintenir et garder contre tous ceulx qui calomnieusement vous vouldroient accuser de peu de fidelite et d'obeissance. Escript a Paris le viij^e may 1576.   HENRY. »

(Et plus bas),   « BRULART. »

Au dos est écrit : « A notre amé et feal lieutenant general au bailliage de Forestz Me Jehan Papon. »

Papier, une feuille simple in-folio, signatures autographes. — En marge sont le visa et la signature de M. Dugué, commissaire député pour la vérification de la noblesse en 1667.

Imp. v^e Théolier et Ce.